पयम्बर-ए-रेख़्ता

मूरख मन की चंचल बातें

Piyush Bharadwaj

BookLeaf
Publishing

India | USA | UK

Made with ❤ on the BookLeaf Publishing Platform
www.bookleafpub.in
www.bookleafpub.com

Dedication

This book is dedicated to my late father, Shri Avadh Kishore Sharma
A few of my poems are the result of thought-provoking discussions held with him.

I love you, Dad!

All the romanticism in my poems is the result of my beautiful wife Dr. Mayoorika Shukla,
thanks for being considerate and listening to all my compositions, good-bad-ugly with utter and equal enthusiasm every time and making me believe that I have created something miraculous.

Thank you so much!!

Preface

The poet is bit philosophical so most of his verses are
nature driven, sometimes they question you and at times
they immerse you in the world of his vivid imaginations
and dreams which eventually makes you wonder how a
thought can be woven and viewed in an entirely
different aspect.

I urge readers to dive in and try to connect with the
poet's experiences and dwell for some time into the
depth of the poet's verses, his world of imagination.

I welcome and appreciate your feedback on verses as this
would act as stimuli and inspiration for the next step
towards you.

Acknowledgements

I acknowledge the work of writers and great poets who inspired me from their work and ignited a fire inside me to gather the courage to walk on the path less travelled.

I pay my special thanks to my soulmate, **Dr. Mayoorika Shukla** who helped me a lot in selecting the verses from the viewpoint of a reader and sharing her honest opinion with me.

I like to thank my family and friends, especially **Mr Rohit Sharma**, who is not a cricketer but a good friend and proved very skillful in keeping my spirit high during this journey.

My ultimate gratitude is towards "**bookleaf publishing**" for giving me this opportunity as wings for my dreams to feel the sky soar high.

मूरख मन की चंचल बातें

मूरख मन की चंचल बातें
कान लगाकर सुनता कौन

रंग बिरंगे फूल सरीखे झूठे किस्से
काँटों जैसे चुभते सच को चुनता कौन

खुशियाँ खुद की माँगूँ किससे
मेरा सौदा क्या पूछूं सौदागर कौन

जो कच्ची गागर में भर पाता
मिट्टी कोई पकाता कौन

क्या थीं वो परियों की कहानी
गोदी माँ सी लाता कौन

और ऊपर ही मिल जाते मोती
तो गोता कोई लगाता कौन

ख्वाहिश थी बचपन में बौछारों की
बैठे हैं कि बचपन वो लौटाए कौन

दुख सी सुई सुख से धागे
ताने बाने से जीवन का बुनकर कौन

Who listens to the restless words of the foolish mind,
Who chooses the truth that pricks like thorns over a lie
like a colourful flower,
If water could be filled in a fragile pot, why would one
take the pain to heat it in furnace,
fairy tales are fine, but it has no value without a
mother's lap,
and if pearls were found on the shore why one would
dive-in the depths to get them,
I wished for downpours during childhood, now who
would bring back that childhood.
Sorrow - the needle, happiness - the thread,
who wove this fabric of life

कुछ भी नहीं

तू अंधेरों में बैठ के यूँ उदास न हो कि
जिंदगी उन यादों के सिवा कुछ भी नहीं

जो बारिशें बेहद पसंद कहती थी वो
तो बादल मैं कुछ मुट्ठी में भर लिए चलता था

आज तू नही है तो ख्वाबों में खिलवत
और तेरी खलिश के सिवा कुछ भी नहीं

कोई जुम्बिश भी नही कि तेरे बदन को छूके
बताऊं कि ये जियारत भी इस तसव्वुफ़ में नहीं

Death separated them, but he still remembers the moments when he was truly, madly, deeply in love. Sometimes, he tries to console his beloved. In a few lines, he expresses how worthless it feels not to experience her touch and how empty his life is without her.

दो कबूतर

पीली मट मैली सी दीवारों पे
दरार पड़े तिड़के हुए छज्जे

और उन दरारों में से झांकते
घास के कुछ सूखे कुछ हरे गुच्छे

लकड़ी के नीले बंद दरवाज़ों में
जंग लगी हुई वो छह लोहे की छड़ें

अनगिनत बरसातों के गवाह रह चुके
मुंडेरों पर सूख के झड़ते हुए काई के धब्बे

आज भी उन खंडर नुमा मुंडेरों पे बैठ के
दो कबूतर ना जाने क्या गुटरगूं किया करते हैं

शमशीर लिए बैठा है

ये कौन है जो मेरी कब्र पर शमशीर लिए बैठा है
मैं मर चुका हूँ अब और क्या हसरत लिए बैठा है

रूह आजाद थी माना कि नही कैद नफ़स में
गंवारा क्यूँ हो कि मेरी कब्र को मसनद किए बैठा है

तुझे देखा तो हमने तोड़ दी जिन बातों से थी तौबा
ये जुर्म था मगर हंसी इतना कि हर शख्स किए बैठा है

कुछ राहों से ताल्लुक और चौराहों से वो निस्बत
कि निकल जाते जहां से पलभर में, दिल अब भी वहीं बैठा है

मिल भी जाए वो खंजर जिससे हुआ था कत्ल मेरा
फिर भी कौन यहां तेरे सर पे इल्ज़ाम देने बैठा है

रंज कुछ भी नही मेरी मौत का मुझको
बिन तेरे वैसे भी यहां जीने को कौन बैठा है

I have detached myself from all existence, yet I still care
for the symbol of existence that remains in my memory.

मरने भी नहीं देता

तूझपे मरना जरूरी है मेरे जीने के लिए
मोहब्बत तू मेरा नाम क्यूँ रख नही देता

दरिया तो हमने तैर के सब पार कर लिए
दिल है कि आँखों में डूबे बिना रहने नही देता

वो उड़ता रहेगा भले ही थक के गिर पड़े
बुरी आदत हो मगर बाजू कोई रख नही देता

ये बस रात भारी है निकल जाए कह रहे थे सभी
दिन चढ़ गया मगर उम्मीद कोई अब भी नही देता

खुदा जाने ये कौन खा गया मेरे घर को
वो कल अच्छा भला था आज दिखाई भी नही देता

मैंने सीखा नही था जिंदगी जीना तेरे बग़ैर
तू छोड़ गया जो पीछे वो मुझे मरने भी नहीं देता

क्यूँ बुझा दिया तूने

दिया जो साथ मिलके जलाया था
क्यूँ बुझा दिया तूने

इन अंधेरों में अब कौन थामेगा मेरा हाथ
और कौन संभालेगा तुझे

कोई संभाले तो फिर देखें रखे कब तक
जुगनू को हथेली पे रोशनी का भरम दे के

भरम भी टूट जाते हैं अंधेरा छोड़ के ऐसे कि
आती नहीं नज़र उम्मीद कहते हैं जिसे

उम्मीद बैठी है कहीं घने बादलों को ओढे हुए
और किस्मत के तारे हैं कि टिमटिमाते भी नही

तेरा हाथ इन अंधेरों में मेरे हाथ में हो
तो मुझे आज इन तारों की जरूरत भी नहीं

बिन तेरे रोशनी भी क्या
तू है तो अंधेरों से शिकायत भी नहीं

क्यूं न एक बार फिर से भूल जाऊं
कि जिसे याद रखने की कुछ वजह भी नहीं

तू सिर्फ तू रह सके तो मुझे है काफी
तेरे सफर में सिर्फ मैं रह सकूँ तुझे काफी होगा कि नहीं

If your hand were in mine in this darkness,
I wouldn't even need these stars today

Without you, what is light and with you,
there is no complaint against the darkness.

so why not forget once again
when there isn't really any reason to remember.

If you could just be you, that would be enough for me.
Would it be enough for you if I could join you on your
journey

किस्मत खिलौनों की

हसरतें बांध के सीने में रखोगी कब तक
सुलगने तक ही अच्छी हैं आगे दामन जलायेंगी

मेरा तुझमे ही रह जाना तेरी किस्मत का है रोना
जो अक्सर अच्छी नही लगतीं वही बातें रुलायेंगी

अभी सावन के मौसम में भी वो गीला नही होता
फिर यादें किसी पल की उसे बेमौसम भिगाएँगी

मिट्टी का बना है फिर भी गिर कर नही टूटा
किस्मत खिलौनों की देखें कब तक बचाएंगी

शब्द ही ब्रह्म

दिख रहा जो,
सब छलावा, क्या गगन
नीला कहा जाएगा

ये शब्द जो
निकला है मुखसे,
बस यही रह जाएगा

और सब जल बुझेगा,
बन हवा कुछ
मिट्टी में मिल जाएगा

फिर शून्य में हो समाहित,
जो बच गया
कहीं बह जाएगा

शब्द ही ब्रह्म,
तेरा नाम ही है सत्य,
जो ब्रह्माड में रह जाएगा ॥

खून मजदूर का

रंगीन कपड़े मालिक के
मालिक कारखानों के
कारखाने मजदूर से
खून मजदूर का

कुर्सियों पे बहस संसद में
संसद सरकार की
सरकार मजदूर से
खून मजदूर का

ये आसमां खुदा का
किस्मत जमींदार की
उधार की जमीन पे
खून मजदूर का

होश रहने दे

इन झुल्फों के साए में शाम रहने दे
दे इतना कि सुबह तक तो होश रहने दे

तेरे लबों को छूकर तबाह होना है मुझे
इनको छूने ना दे बस खयाल रहने दे

बेरोजगार की मिल्कियत तेरी मोहब्बत है
कतरा कतरा ही दे बेहिसाब रहने दे

Let the evening remain under the shadow of tresses
Just so much that I stay awake until morning
I want to be ruined by touching your lips
So don't let me touch them just keep this thought alive
My only possession is your love
Give it drop by drop, let it remain limitless

फांक भर के ख़्वाब

**मैं गांव की मिट्टी हूं
मुझमें खुशबू मिलेगी तहजीब ना ढूंढ**

People of my village are very simple, they may not be very decorative, may not put their views delicately, they are blunt and straight but not manipulative.

**मेरी ख़ाक सी जिंदगी में फांक भर के ख़्वाब थे
वो चंद लम्हे साथ तेरे और खामखां सी चार बातें**

I do not enjoy the luxuries of life, what I have is just few dreams and some insignificant thoughts which I want to share and live with you.

किस मिट्टी का था

जो टूट के बिखर पड़ा वो खिलौना मिट्टी का था
मैं रोज जुड़ता हूं बिखर के किस मिट्टी का हूं |

आइने में ये कौन है जो हमेशा मुस्कुराता है
उदास चेहरों पे वो मुखौटा किस मिट्टी का था ||

Irony today is
happiness quotient is low
and we pretend like
everything is fine in our lives
Time to embrace
that if it's not all ok
then also it's fine.

It's life
and things do happen
we need to face and fight it
with all our might
and that's what makes it
a beautiful life.

बातों पे रोना क्या

तूने आवाज़ नहीं दी या मैंने नहीं सुना
अब हैं बीती हुई बातें अब इन बातों पे रोना क्या

अधूरी ख्वाहिशें तेरी तो टूटे ख्वाब कुछ मेरे
बची बस रह गईं यादें अब उन यादों पे रोना क्या

किसमें खता किसकी किसकी खता कितनी
महज़ तोहमत के बस किस्से अब इन किस्सों पे रोना क्या

सवाल ए ऐतबार तेरा और हमें बंदिशों से तौबा
जिंदगी के ये हिस्से अब उन हिस्सों पे रोना क्या

कभी पलट के आओ तो पहले देर मत करना
फिर कभी मिल ना पाऊं तो ना मिलने पे रोना क्या

You didn't call out or maybe I didn't hear
Now are the things of past, what's the use of crying

Your unfulfilled desires or my broken dreams
Only memories remain, what's the use of crying

Whose fault is it and how many faults are there
mere accusations, what's the use of crying

The question of trust between you and me is forsaken
are parts of life, what's the use of crying

If you ever turn back, please don't take too long
If you get late and couldn't meet, what's the use of
crying

ये लोग कहां जाते हैं

रंग कब बदरंग और बेनूर हो जाते हैं
वक्त के हाथों से लम्हे यूं सरक जाते हैं

जो तुम थे कभी कैसे आप बन जाते हैं
हंसते हुए चेहरे क्यूं अचानक से रो जाते हैं

उम्र भर जीता रहा जिन्हें कब बोझ बन जाते हैं
नाजाने आइने कब मेरे दोस्त बन जाते हैं

सुबह से निकले सब घोंसलों को लौट जाते हैं
परिंद पिंजड़ों मे जो आ फंसे तो फिर कहां जाते हैं

वो जब भी मेरी बज़्म में आते हैं रूठ जाते हैं
मनके कच्चे हैं कुछ लोग जल्द बिफर जाते हैं

कत्ल करते हुए अक्सर कुछ सुराग छूट जाते हैं
मरके ज़रा हम भी देख लें कि ये लोग कहां जाते हैं

Everything changes with time. Transitions leave lasting
marks in the form of memories

दिल से रंजिशें ना गईं

क्या सुकुं था अदावत में कि
दिल से रंजिशें ना गईं

ज़ख्म पे ज़ख्म सहता रहा मगर
सांसे कमबख्त निकलीं जिस्म से ना गईं

तेरी याद ना गई तो इतनी हैरत क्या
बुरी लत मुझे जितनी थीं आज तक ना गईं

There was such peace in enmity
that grudges kept lingering in my heart.

I have endured wound after wound,
yet the pain and suffering have not left my body.

If your memory hasn't faded,
what's so surprising about this

Despite my many bad habits,
they have not left me even today.

बिखरने से डरती हूं

इतना टूटी हूं कि तेरे छूने से नहीं
खुद के बिखरने से डरती हूं

लुट चुकी हूं इतना कि कुछ खोने से नहीं
खुद के संवरने से डरती हूं

I feel so vulnerable
that I fear
I might crumble on my own,
like a pack of cards.

I don't dare to lose,
as I have nothing left to lose,
but I do dare to achieve
because I don't want
to be let down again.

उठी लड़खड़ाती हुई

जिंदगी हर कदम क़दमों तले मसली गई
जिंदगी फिर जिंदगी थी उठी लड़खड़ाती हुई

मौत मेरी सोच सी गहरी थी कहीं दबी हुई
सोच फिर सोच थी अचानक से उठ खड़ी हुई

उम्र भर का हर पल जैसे दो हिस्सों में बंट गया
इक पल जिंदगी का था तो इक सोच में कट गया

Life and death
are two experiences
that everyone encounters
every moment of their lives.

The moments I cherish
make me feel alive, and that represents life.
In contrast,
the opportunities I missed
create a void in my existence, akin to death.

चेहरा भी इक दिखता रहे

रोशनी मेरे कमरे में बस उतनी रखी मैंने
जरूरत का जितना भी हो दिखता रहे

चेहरे पे चादर भी इस तरह ढकी मैंने
उघड़ी हुई चादर में से चेहरा भी इक दिखता रहे

There is no need
for extra light in the room.
At least,
I don't want to see the things
I prefer to avoid.

So, the light is kept dim —
just enough to reach
what I must have and live my life
with limited means.

जिंदगी मार डालेगी

डरता नहीं हूँ मैं
किसी तीर ओ खंजर से
क्या करूँ उस नज़र का
जो झुकी तो मार डालेगी

खलिश तेरे बदन की
मेरी श्वाशों में यूँ बसी है
निकल गयी कभी तो
ये जिंदगी मार डालेगी

एक प्यास है तेरी
जो बुझती नहीं कहीं
तेरे मेरे दरमियाँ
ये दूरी मार डालेगी

तेरे एहसाशों को मैंने
जिया है ख्यालों में
हकीकत बना डाला इसे
तो ये दुनिया मार डालेगी

छिपी कहां है डोर

माला दिखती मनका दिखता
दिखती नहीं है डोर

धड़कन दिखती मैं भी दिखता
छिपी कहां है डोर

I often find myself wondering,
just as I count the beads on a string,
where the invisible thread
keeps them aligned.

Similarly, the soul within me
cannot be seen by the naked eye,
yet it holds my flesh and bones together.
My breath continues to tick away,
counting the beads of time I have
as I search for self-realization.

पत्ते शाख पर

1.

कल जोडता था वो, झड़े हुए पत्ते शाख पर
कौन समझाए कि ये टूटे नहीं, छोड़े हुए हैं

2.

तेरे पास ही मिले हैं मेरे कत्ल के सब औजार
तेरी आंखें, तेरी साँशे, तेरी बाहें, तेरी आहें

3.

हर शख्स पूछता रहा कि ये आग लगी तो लगी कैसे
मैं जल रहा हूं, कोई बता दे, कि ये बुझेगी कैसे

4.

इश्क़ में सब हम उम्र होते हैं 'पयंबर'
ये मसला रूहानी है जिस्मानी नहीं

5.

जिंदगी में कुछ कमी एक खयाल था शायद
आया नही, जब से जिंदगी में तुम आये